50 Platos Premium de Chocolate

Por: Kelly Johnson

Table of Contents

- Mousse de chocolate oscuro
- Tarta de chocolate y avellanas
- Brownies fudgy con nueces
- Trufas de chocolate negro
- Cheesecake de chocolate blanco
- Fondue de chocolate con frutas
- Cupcakes de chocolate y café
- Galletas de doble chocolate
- Soufflé de chocolate
- Pastel de chocolate y almendra
- Helado de chocolate amargo
- Chocolate caliente especiado
- Panqueques de cacao con crema
- Tartaletas de chocolate y frambuesa
- Bombones rellenos de licor
- Brownie con crema de avellanas
- Barritas energéticas de chocolate y frutos secos

- Pastel de tres chocolates
- Mousse de chocolate blanco y maracuyá
- Trufas de chocolate con chile
- Bizcocho de chocolate y naranja
- Panna cotta de chocolate y vainilla
- Macarons rellenos de ganache de chocolate
- Galletas de chocolate con menta
- Tarta Sacher tradicional
- Chocolate con chile y canela
- Batido de chocolate y plátano
- Cheesecake de chocolate y caramelo
- Muffins de chocolate con trozos de chocolate blanco
- Bombones de chocolate con almendra tostada
- Tartas de mousse de chocolate y avellana
- Chocolate con leche infusionado con lavanda
- Pastel de chocolate y café espresso
- Trufas de chocolate blanco con pistacho
- Brownies con remolino de queso crema
- Tartaletas de chocolate y menta fresca

- Helado de chocolate con chile y naranja
- Galletas de chocolate y cacahuate
- Mousse de chocolate y chile ancho
- Pastel de chocolate y remolacha
- Chocolate amargo con sal marina
- Pudding de chocolate con aguacate
- Bombones de chocolate con naranja confitada
- Trufas de chocolate y frambuesa
- Cupcakes de chocolate con glaseado de queso crema
- Tarta de chocolate y almendras caramelizadas
- Brownies con nueces de macadamia
- Pastel de chocolate y coco rallado
- Crepas de chocolate con salsa de frutas rojas
- Mousse vegano de chocolate y aguacate

Mousse de Chocolate Oscuro

Ingredientes:

- Chocolate oscuro
- Huevos
- Azúcar
- Crema para batir
- Extracto de vainilla

Instrucciones:

1. Derrite el chocolate oscuro al baño María.
2. Separa las claras y las yemas de huevo. Bate las claras a punto de nieve.
3. Mezcla las yemas con el chocolate derretido y el extracto de vainilla.
4. Incorpora suavemente las claras montadas y la crema batida.
5. Refrigera al menos 2 horas antes de servir.

Tarta de Chocolate y Avellanas

Ingredientes:

- Masa para tarta
- Chocolate para fundir
- Crema de avellanas (nutella o similar)
- Avellanas tostadas

Instrucciones:

1. Hornea la masa para tarta hasta dorar.
2. Rellena con crema de avellanas y cubre con chocolate fundido.
3. Decora con avellanas tostadas.
4. Refrigera para que tome consistencia.

Brownies Fudgy con Nueces

Ingredientes:

- Chocolate oscuro
- Mantequilla
- Azúcar
- Huevos
- Harina
- Nueces picadas

Instrucciones:

1. Derrite chocolate y mantequilla.
2. Mezcla con azúcar y huevos.
3. Agrega harina y nueces.
4. Hornea hasta que el centro quede húmedo.

Trufas de Chocolate Negro

Ingredientes:

- Chocolate negro
- Crema para batir
- Cacao en polvo para cubrir

Instrucciones:

1. Calienta la crema y vierte sobre el chocolate picado.
2. Mezcla hasta integrar y refrigera hasta que esté firme.
3. Forma bolitas y cubre con cacao en polvo.

Cheesecake de Chocolate Blanco

Ingredientes:

- Queso crema
- Chocolate blanco derretido
- Azúcar
- Huevos
- Base de galleta

Instrucciones:

1. Mezcla queso crema, chocolate blanco y azúcar.
2. Agrega huevos y mezcla suavemente.
3. Vierte sobre la base de galleta y hornea hasta cuajar.

Fondue de Chocolate con Frutas

Ingredientes:

- Chocolate para fundir
- Crema para batir
- Frutas frescas (fresas, plátanos, manzana, etc.)

Instrucciones:

1. Derrite chocolate con crema a baño María.
2. Sirve caliente con frutas para mojar.

Cupcakes de Chocolate y Café

Ingredientes:

- Harina
- Cacao en polvo
- Café espresso
- Azúcar
- Huevos
- Mantequilla

Instrucciones:

1. Mezcla ingredientes secos y húmedos por separado.
2. Combínalos incorporando el café.
3. Hornea en moldes para cupcakes.

Galletas de Doble Chocolate

Ingredientes:

- Harina
- Cacao en polvo
- Chocolate en trozos
- Mantequilla
- Azúcar
- Huevos

Instrucciones:

1. Mezcla harina y cacao.
2. Incorpora mantequilla, azúcar y huevos.
3. Añade trozos de chocolate.
4. Hornea hasta que estén ligeramente crujientes por fuera.

Soufflé de Chocolate

Ingredientes:

- Chocolate oscuro
- Huevos (separadas claras y yemas)
- Azúcar
- Mantequilla para engrasar
- Harina (opcional para espesar)

Instrucciones:

1. Derrite el chocolate y mezcla con las yemas.
2. Bate las claras a punto de nieve con azúcar.
3. Incorpora suavemente las claras al chocolate.
4. Vierte en moldes engrasados y hornea hasta que suba y esté firme.

Pastel de Chocolate y Almendra

Ingredientes:

- Harina de almendra
- Chocolate oscuro
- Azúcar
- Huevos
- Mantequilla

Instrucciones:

1. Mezcla harina de almendra con chocolate derretido, azúcar, huevos y mantequilla.
2. Vierte en molde y hornea hasta que al insertar un palillo salga limpio.

Helado de Chocolate Amargo

Ingredientes:

- Chocolate oscuro
- Leche
- Crema para batir
- Azúcar
- Yemas de huevo

Instrucciones:

1. Calienta leche y crema.
2. Bate yemas con azúcar y mezcla con la leche caliente.
3. Agrega chocolate derretido y mezcla bien.
4. Enfría y procesa en máquina de helados.

Chocolate Caliente Especiado

Ingredientes:

- Chocolate oscuro
- Leche
- Canela
- Nuez moscada
- Pimienta de cayena (opcional)
- Azúcar

Instrucciones:

1. Calienta leche con especias.
2. Agrega chocolate y azúcar.
3. Mezcla hasta disolver y sirve caliente.

Panqueques de Cacao con Crema

Ingredientes:

- Harina
- Cacao en polvo
- Huevos
- Leche
- Azúcar
- Crema batida para acompañar

Instrucciones:

1. Mezcla ingredientes secos y húmedos.
2. Cocina en sartén caliente por ambos lados.
3. Sirve con crema batida.

Tartaletas de Chocolate y Frambuesa

Ingredientes:

- Masa para tartaleta
- Chocolate para fundir
- Frambuesas frescas
- Crema para batir

Instrucciones:

1. Hornea la masa para tartaletas.
2. Rellena con chocolate derretido y coloca frambuesas encima.
3. Decora con crema batida.

Bombones Rellenos de Licor

Ingredientes:

- Chocolate para fundir
- Licor (ron, brandy, etc.)
- Crema para batir (opcional)

Instrucciones:

1. Derrite el chocolate y forma una capa fina en moldes.
2. Refrigera para que endurezca un poco.
3. Añade un poco de licor y relleno de crema si deseas.
4. Cubre con más chocolate y refrigera hasta que solidifique.

Brownie con Crema de Avellanas

Ingredientes:

- Brownie (preparado o casero)
- Crema de avellanas (Nutella o similar)

Instrucciones:

1. Hornea el brownie.
2. Una vez frío, unta o rellena con crema de avellanas.

Barritas Energéticas de Chocolate y Frutos Secos

Ingredientes:

- Chocolate oscuro
- Mezcla de frutos secos (nueces, almendras, etc.)
- Miel o sirope de agave
- Avena (opcional)

Instrucciones:

1. Derrite chocolate y mezcla con frutos secos y miel.
2. Extiende en molde y refrigera hasta que endurezca.
3. Corta en barritas.

Pastel de Tres Chocolates

Ingredientes:

- Chocolate oscuro
- Chocolate con leche
- Chocolate blanco
- Leche
- Gelatina
- Azúcar
- Crema para batir

Instrucciones:

1. Prepara tres mezclas separadas con cada tipo de chocolate derretido, leche, azúcar y gelatina disuelta.
2. Vierte la primera capa (chocolate oscuro) en un molde y refrigera hasta que cuaje.
3. Agrega la segunda capa (chocolate con leche) y vuelve a refrigerar.
4. Termina con la capa de chocolate blanco y refrigera hasta que esté firme.

Mousse de Chocolate Blanco y Maracuyá

Ingredientes:

- Chocolate blanco
- Pulpa de maracuyá
- Crema para batir
- Azúcar
- Gelatina

Instrucciones:

1. Derrite el chocolate blanco y mezcla con crema batida y pulpa de maracuyá.
2. Incorpora gelatina hidratada para darle consistencia.
3. Refrigera hasta que cuaje.

Trufas de Chocolate con Chile

Ingredientes:

- Chocolate oscuro
- Crema para batir
- Chile en polvo o chile picante en trozos
- Mantequilla

Instrucciones:

1. Calienta la crema y vierte sobre el chocolate para hacer ganache.
2. Añade chile en polvo o picado.
3. Deja enfriar, forma bolitas y refrigera.

Bizcocho de Chocolate y Naranja

Ingredientes:

- Harina
- Cacao en polvo
- Ralladura de naranja
- Huevos
- Azúcar
- Mantequilla
- Polvo para hornear

Instrucciones:

1. Mezcla ingredientes secos y húmedos junto con la ralladura de naranja.
2. Hornea hasta que al insertar un palillo salga limpio.

Panna Cotta de Chocolate y Vainilla

Ingredientes:

- Crema para batir
- Chocolate oscuro
- Vainilla
- Azúcar
- Gelatina

Instrucciones:

1. Calienta la crema con azúcar y vainilla.
2. Divide la mezcla y agrega chocolate a una mitad.
3. Incorpora gelatina hidratada a ambas y vierte en vasos alternando capas.
4. Refrigera hasta que cuaje.

Macarons Rellenos de Ganache de Chocolate

Ingredientes:

- Harina de almendra
- Azúcar glas
- Claras de huevo
- Azúcar granulada
- Ganache de chocolate para el relleno

Instrucciones:

1. Prepara los macarons con almendra, claras y azúcar.
2. Hornea y deja enfriar.
3. Rellena con ganache de chocolate.

Galletas de Chocolate con Menta

Ingredientes:

- Harina
- Cacao en polvo
- Azúcar
- Mantequilla
- Extracto de menta
- Chips de chocolate

Instrucciones:

1. Mezcla los ingredientes secos con mantequilla y extracto de menta.
2. Agrega chips de chocolate.
3. Hornea hasta que estén firmes.

Tarta Sacher Tradicional

Ingredientes:

- Bizcocho de chocolate
- Mermelada de albaricoque
- Cobertura de chocolate negro

Instrucciones:

1. Hornea un bizcocho de chocolate.
2. Corta y unta con mermelada.
3. Cubre completamente con chocolate derretido y deja enfriar.

Chocolate con Chile y Canela

Ingredientes:

- Chocolate oscuro
- Chile en polvo o chile molido
- Canela en rama o en polvo
- Leche o agua

Instrucciones:

1. Calienta la leche o el agua con la canela.
2. Añade el chocolate y revuelve hasta derretir.
3. Incorpora chile al gusto y mezcla bien.
4. Sirve caliente.

Batido de Chocolate y Plátano

Ingredientes:

- Leche
- Cacao en polvo o chocolate derretido
- Plátanos maduros
- Azúcar o miel (opcional)
- Hielo (opcional)

Instrucciones:

1. Licúa todos los ingredientes hasta obtener una mezcla homogénea.
2. Sirve frío.

Cheesecake de Chocolate y Caramelo

Ingredientes:

- Queso crema
- Chocolate derretido
- Azúcar
- Galletas para base
- Mantequilla
- Salsa de caramelo

Instrucciones:

1. Prepara la base con galletas trituradas y mantequilla.
2. Mezcla queso crema, chocolate y azúcar para el relleno.
3. Hornea y deja enfriar.
4. Cubre con salsa de caramelo antes de servir.

Muffins de Chocolate con Trozos de Chocolate Blanco

Ingredientes:

- Harina
- Cacao en polvo
- Azúcar
- Polvo para hornear
- Huevos
- Trozos de chocolate blanco
- Leche o yogur

Instrucciones:

1. Mezcla ingredientes secos y húmedos por separado.
2. Incorpora trozos de chocolate blanco.
3. Hornea en moldes para muffins.

Bombones de Chocolate con Almendra Tostada

Ingredientes:

- Chocolate para fundir
- Almendras tostadas enteras o picadas

Instrucciones:

1. Derrite el chocolate.
2. Mezcla con almendras.
3. Vierte en moldes y refrigera hasta que endurezca.

Tartas de Mousse de Chocolate y Avellana

Ingredientes:

- Chocolate oscuro
- Crema para batir
- Crema de avellanas (Nutella o similar)
- Base de galleta

Instrucciones:

1. Prepara la base con galletas trituradas.
2. Haz mousse con chocolate derretido, crema batida y crema de avellanas.
3. Vierte sobre la base y refrigera.

Chocolate con Leche Infusionado con Lavanda

Ingredientes:

- Chocolate con leche
- Leche
- Flores de lavanda secas

Instrucciones:

1. Calienta la leche con lavanda para infusionar.
2. Cuela y añade el chocolate para derretir.
3. Sirve caliente.

Pastel de Chocolate y Café Espresso

Ingredientes:

- Harina
- Cacao en polvo
- Café espresso fuerte
- Huevos
- Azúcar
- Mantequilla

Instrucciones:

1. Mezcla ingredientes secos con el café y los húmedos.
2. Hornea hasta que al insertar un palillo salga limpio.

Trufas de Chocolate Blanco con Pistacho

Ingredientes:

- Chocolate blanco
- Crema para batir
- Pistachos picados

Instrucciones:

1. Prepara ganache con chocolate blanco y crema.
2. Deja enfriar, forma bolitas y cubre con pistachos picados.
3. Refrigera hasta que estén firmes.

Brownies con Remolino de Queso Crema

Ingredientes:

- Mezcla para brownies o receta casera
- Queso crema
- Azúcar
- Huevo
- Extracto de vainilla

Instrucciones:

1. Prepara la mezcla para brownies.
2. Mezcla queso crema con azúcar, huevo y vainilla hasta cremoso.
3. Vierte la mezcla de brownies en el molde.
4. Añade cucharadas de la mezcla de queso crema y con un cuchillo crea remolinos.
5. Hornea según las instrucciones de los brownies.

Tartaletas de Chocolate y Menta Fresca

Ingredientes:

- Base de tartaleta (masa quebrada)
- Chocolate para fundir
- Crema para batir
- Hojas frescas de menta

Instrucciones:

1. Hornea la base de tartaleta hasta dorar.
2. Prepara una ganache de chocolate con crema.
3. Vierte la ganache en las tartaletas.
4. Decora con hojas de menta fresca.

Helado de Chocolate con Chile y Naranja

Ingredientes:

- Leche y crema para helado
- Chocolate oscuro
- Chile en polvo o fresco
- Ralladura de naranja
- Azúcar

Instrucciones:

1. Prepara la base de helado con leche, crema, azúcar y chocolate derretido.
2. Añade chile y ralladura de naranja.
3. Congela y mezcla varias veces para evitar cristales.

Galletas de Chocolate y Cacahuate

Ingredientes:

- Harina
- Cacao en polvo
- Azúcar
- Mantequilla
- Cacahuates tostados picados
- Huevos

Instrucciones:

1. Mezcla ingredientes secos y húmedos.
2. Añade cacahuates picados.
3. Forma las galletas y hornea.

Mousse de Chocolate y Chile Ancho

Ingredientes:

- Chocolate oscuro
- Crema para batir
- Chile ancho en polvo
- Azúcar

Instrucciones:

1. Derrite el chocolate con chile en polvo.
2. Bate la crema con azúcar hasta punto de nieve.
3. Incorpora el chocolate con cuidado.
4. Refrigera hasta que cuaje.

Pastel de Chocolate y Remolacha

Ingredientes:

- Harina
- Cacao en polvo
- Puré de remolacha cocida
- Huevos
- Azúcar
- Aceite o mantequilla

Instrucciones:

1. Mezcla todos los ingredientes hasta obtener una masa homogénea.
2. Hornea hasta que al insertar un palillo salga limpio.

Chocolate Amargo con Sal Marina

Ingredientes:

- Chocolate amargo de buena calidad
- Sal marina en escamas

Instrucciones:

1. Derrite el chocolate y extiéndelo sobre una bandeja.
2. Espolvorea con sal marina.
3. Deja enfriar y rompe en trozos.

Pudding de Chocolate con Aguacate

Ingredientes:

- Aguacate maduro
- Cacao en polvo
- Miel o azúcar
- Extracto de vainilla

Instrucciones:

1. Licúa todos los ingredientes hasta obtener una textura cremosa.
2. Refrigera antes de servir.

Bombones de Chocolate con Naranja Confitada

Ingredientes:

- Chocolate para fundir
- Naranja confitada picada

Instrucciones:

1. Derrite el chocolate a baño maría.
2. Mezcla con la naranja confitada picada.
3. Vierte en moldes para bombones y refrigera hasta que endurezcan.

Trufas de Chocolate y Frambuesa

Ingredientes:

- Chocolate oscuro
- Crema para batir
- Puré de frambuesa
- Cacao en polvo para rebozar

Instrucciones:

1. Calienta la crema y agrégale el chocolate para hacer ganache.
2. Añade puré de frambuesa y mezcla bien.
3. Refrigera hasta que esté firme.
4. Forma bolitas y rebózalas en cacao en polvo.

Cupcakes de Chocolate con Glaseado de Queso Crema

Ingredientes:

- Mezcla o receta para cupcakes de chocolate
- Queso crema
- Mantequilla
- Azúcar glas
- Extracto de vainilla

Instrucciones:

1. Prepara y hornea los cupcakes.
2. Bate queso crema, mantequilla, azúcar y vainilla para el glaseado.
3. Decora los cupcakes una vez fríos.

Tarta de Chocolate y Almendras Caramelizadas

Ingredientes:

- Base de masa para tarta
- Chocolate para fundir
- Almendras
- Azúcar para caramelizar

Instrucciones:

1. Hornea la base de la tarta.
2. Derrite el chocolate y vierte sobre la base.
3. Carameliza las almendras con azúcar y colócalas encima.

Brownies con Nueces de Macadamia

Ingredientes:

- Mezcla o receta para brownies
- Nueces de macadamia picadas

Instrucciones:

1. Incorpora las nueces a la mezcla de brownies.
2. Hornea según instrucciones.

Pastel de Chocolate y Coco Rallado

Ingredientes:

- Ingredientes para pastel de chocolate
- Coco rallado

Instrucciones:

1. Añade coco rallado a la masa o espolvorea encima antes de hornear.
2. Hornea y deja enfriar.

Crepas de Chocolate con Salsa de Frutas Rojas

Ingredientes:

- Masa para crepas con cacao
- Frutas rojas (fresas, frambuesas, moras)
- Azúcar y limón para la salsa

Instrucciones:

1. Prepara las crepas de chocolate.
2. Cocina las frutas con azúcar y limón para hacer la salsa.
3. Sirve las crepas con la salsa encima.

Mousse Vegano de Chocolate y Aguacate

Ingredientes:

- Aguacate maduro
- Cacao en polvo
- Endulzante (miel, sirope de agave, azúcar)
- Extracto de vainilla

Instrucciones:

1. Licúa todos los ingredientes hasta obtener una crema suave.
2. Refrigera antes de servir.

www.ingramcontent.com/pod-product-compliance
Lightning Source LLC
LaVergne TN
LVHW081327060526
838201LV00055B/2500